T0381356

BRUXELLES AU GALOP
BRUSSELS RIDE

Eric Tessier • Albert Russo

PHOTOGRAPHY BY ALBERT RUSSO

To order additional copies of this book, contact:
Xlibris
1-888-795-4274
www.Xlibris.com
Orders@Xlibris.com

ISBN: Softcover   978-1-4257-1049-1
        Hardcover   978-1-4257-1050-7

Library of Congress Control Number: 2005907632

Print information available on the last page

Rev. date: 10/28/2019

Je restais là, ébahi
cet immeuble sortait tout droit des crayons d'Edgar P. Jacobs
et c'était toute mon enfance qui remontait

How was it possible?
You were waiting for me in this small café
and I was late!

Partout il me semblait voir ton nom
y compris sur le front des trams
L'amour rend bête, mais heureux

Even streetcars were reading your name
Was it love?

Une ville où les architectes
aiment leur art
est une ville heureuse

When architecture is an art
one lives happier
Brussels is a lucky city

3

Fantôme comblé, en fin d'après-midi
j'aimais m'asseoir sur un banc
pour contempler mon chez-moi

I couldn't believe it
this gorgeous mansion was mine
I was the happiest ghost in the world

4

Je dois vous quitter,
c'est qu'on m'attend
j'ai du monde à nourrir

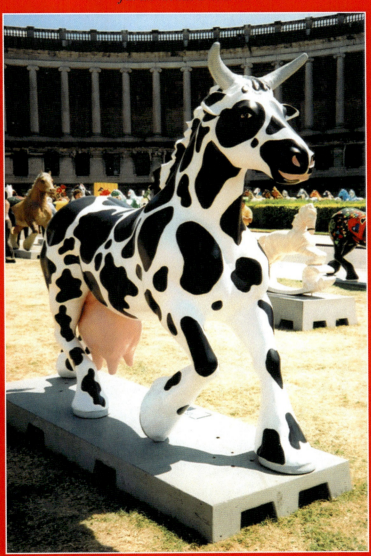

I'm sorry I have to leave
I'm on my way to
a fancy dress ball for animals

Un verre de lait
du pain et du fromage
les plaisirs de la vie sont toujours simples

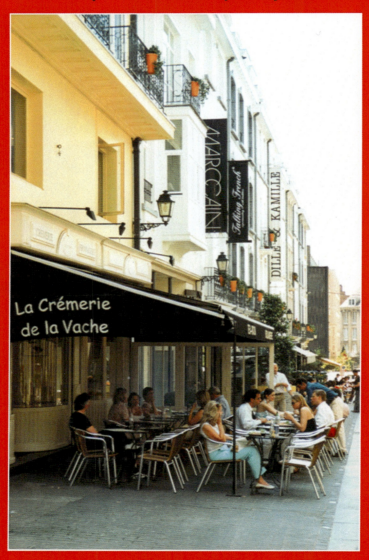

Watching the passers-by
while drinking tea
The world is a show

Touchez ma bosse, Monseigneur
Elle vous portera bonheur
… ou vous mènera à votre perte!

Here lived an alchemist
who has found out
how to turn lead into gold

Une envolée vers le ciel
toujours les hommes ont cherché
à s'élever vers les dieux

men have always erected stones
to reach the sky

N'entends-tu point, ma sœur
une voix qui nous appelle
un murmure qui nous caresse?

Do you hear those words?
They're coming to us,
carried by the wind

Holà, mesdemoiselles
m'accepteriez-vous, pour un soir
parmi vous?

Won't you hear my song?
Won't you give me a kiss?
May I come?

Sens interdits
vous boirez ici
les meilleures bières de la planète

A Blue Parrot will take care of you
This is the place where you will drink
the best beers in the world

L'affiche,
comme une fenêtre dédoublée,
s'ouvrait sur un monde féerique

The poster was like a screen
reflecting every move you made
behind your window

12

A l'extérieur, à demi nus,
exposés aux intempéries
nous réclamons un abri

Outdoors, half naked
longing for a shelter

13

Dans la vitrine, à l'abri
sous le soleil des néons
si seulement je pouvais sortir

Indoors, fully clothed
locked behind a shop window
I wish I could walk away

14

*Le Nord commence
où s'épanouit
le houblon*

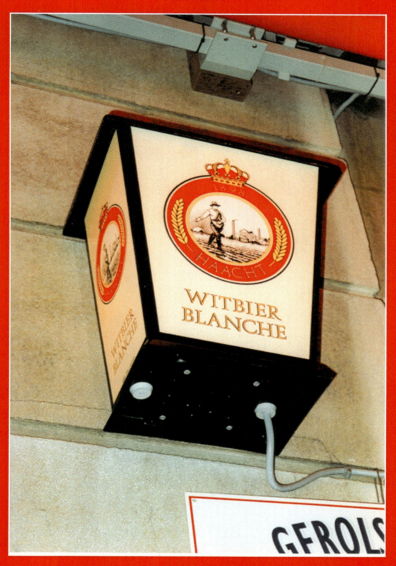

*Northern Europe begins
where you drink ale
instead of wine*

C'était comme une maison de poupée
bien réelle pourtant
magnifique dans ce beau soleil de midi

It was like a doll's house
a wonderful dream
in a beautiful summer afternoon

16

Lumière, stroboscope
sur la piste de danse
le rythme pulse dans nos veines

Psychedelic lights
let's move to the dance floor
the beat is calling us

Elles attendent, impatientes
elles sont venues pour
danser

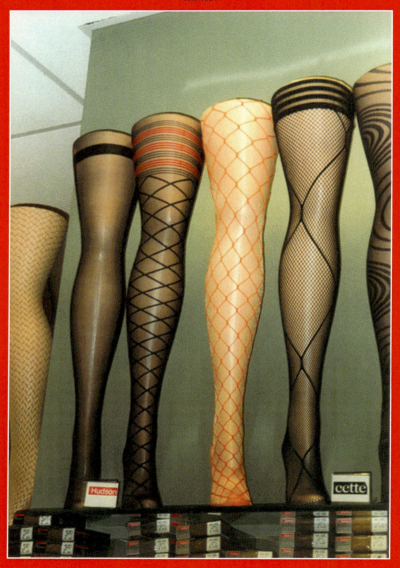

They're waiting, impatient
they came here
to dance

18

Par la porte dérobée
le soir vous laissez entrer
vos amants

Every night you walk out
a mask on your face
en route to meet your lover

19

Entourée d'amis, il fait bon
et tout en mangeant
vous riez à gorge déployée

You and I, in a restaurant
when he sees us,
the poet sings about love

20

*Pourquoi toujours se battre
et se défier?*

*Why does a fight
always seem necessary?*

*Pourquoi ne pas tenter
de communiquer?*

*Maybe you should try
to communicate!*

Chemise et cravate
l'élégance peut faire de vous
l'égal d'un roi

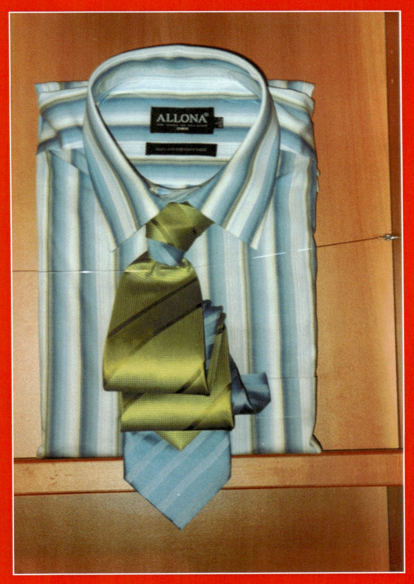

An elegant man always feels
like a king

Quels sont ces temps
où l'on s'habille si étrangement?
Cela a l'air bien confortable pourtant

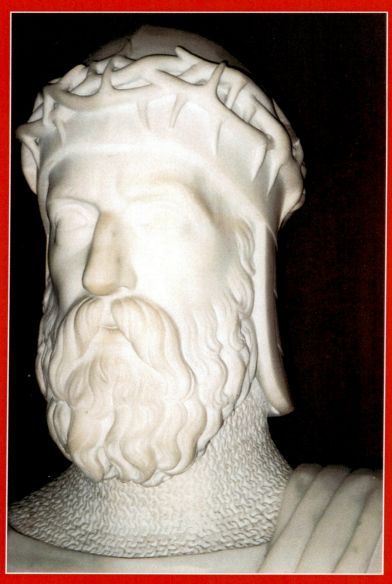

Why shouldn't I wear this?
A silk shirt instead of an armor

Aussi à l'aise dans un boudoir,
sa loge ou au milieu de la rue
femme—artiste

She could have been in her dressing room
a street can be a theater
and its pavement a stage

A chaque fenêtre
le public retient son souffle
attendant l'actrice qui va se produire

Behind the windows
an attentive audience is waiting
for the actress to perform

La Belgique, un plat pays?
allez donc à Spa, mes amis,
que vos mollets affrontent les routes ardennaises

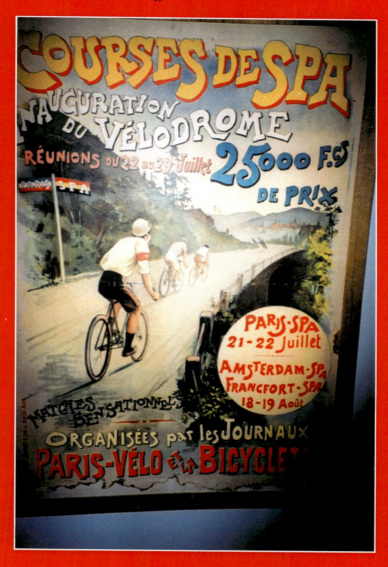

How long the journey
when your overheated calves
are all you get for an engine

Par la vitre du tram:
elle pose son livre sur ses genoux
pour regarder passer les cyclistes

On her way to work, she's dreaming
of that happy time when she used to ride
her bicycle through the Ardennes

Si vous lanciez votre balle, Monsieur,
que je l'embroche

Why don't you throw the ball, Sir?
My sword needs blood

29

Le monde vous parait-il donc un jeu
que vous piaffez ainsi
comme un tout jeune enfant?

Is the world a game
and Mother Earth a prey?
Who do you think you are, you moron!

L'art vivant
parler ou bien chanter
surgie du néant, la figure tragique de notre destin

In the spotlight
coming from nowhere
the face of our tragic destiny

Les gens marchent
toujours mobiles
le mouvement, c'est la vie

People walk
always moving
moving is life

Déambuler, anonyme
flâner et puis s'asseoir
et là, souvent, un sourire

Wandering in the mall
nobody knows who is who
but if you smile, someone will answer

Il y a un point abstrait sur ce plan, l'endroit où je me trouve
et puis, tout autour de moi, les bruits et les odeurs
c'est Bruxelles, vivante, qui me dit à l'oreille: "Oui, oui, tu es bien là "

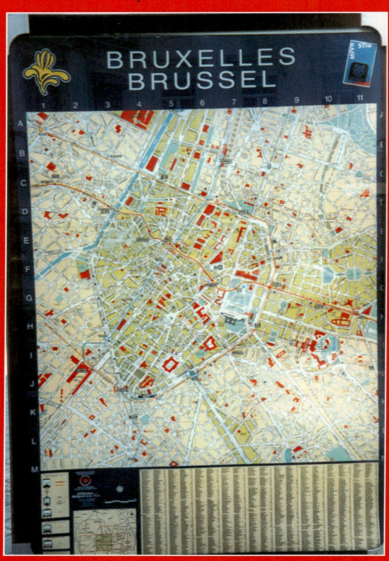

Looking at the map, I discover the whole city
but all around me, I can hear sounds and smell odors
Brussels is alive

Si les murs pouvaient parler?
Ah! Ne voyez-vous pas toutes les histoires qu'ils racontent?
Prenez donc le temps de les lire

And suddenly, you sit down
all those walls, all those windows
make you feel dizzy: you're facing History

35

A bout de bras
je porte mon royaume
lourde est ma couronne

In my hand
a kingdom
how heavy is the crown!

D'abord vous montez sur l'échelle
puis sur la pointe des pieds
tâchez d'atteindre le ciel

First you climb up the ladder
then you jump
trying to catch a cloud

37

Mais le faucheur vous guette
d'un simple geste
il vous décapite

But the reaper is watching
a single motion
and you are beheaded

*La vie est un art
qui se cultive*

*an open air restaurant
a hot day, at noon
vision of eternity*

Surréalisme et bande dessinée
le rêve et l'enfance

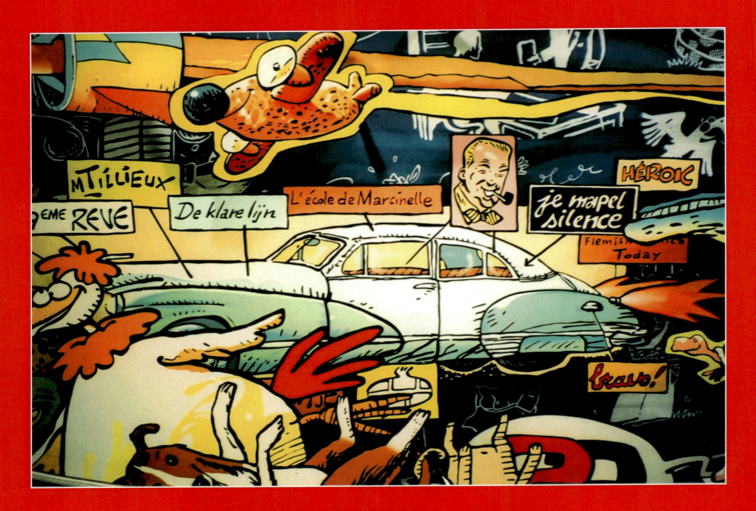

Surrealism and comic books
dreams and childhood

De tous les Gaulois, disait Jules César,
les Belges sont les plus braves
et leurs lions portent les plus belles crinières

lions no longer roam the streets of Brussels
the pussycats have taken over

un saut de puce
objectif: lune

jumping Jack
aiming for the moon

on brodait autrefois
des dentelles dans la pierre

Gothic marvel

43

Bruxelles, reine de la Gueuse

Brussels, queen of ale

44

*Godefroid de Bouillon
à l'assaut de Jérusalem*

crusader leaving for Jerusalem

45

le flambeau de Jérusalem:
la grande synagogue

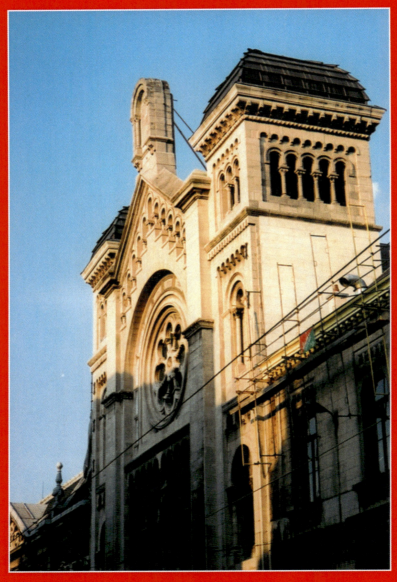

from Jerusalem with faith:
Brussels' main synagogue

Mercator, méditant sur sa mappemonde

cartographer, looming over the globe

47

tandis qu'un jeune artisan
vaque à son affaire

whilst a young craftsman
goes his way

48

vestales couronnant
les Arts et la Musique

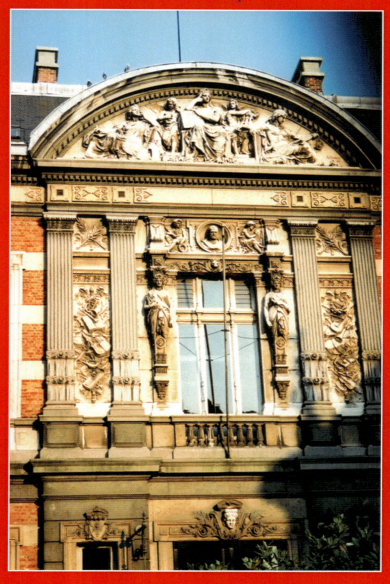

blessed by the muses

visage rayonnant
ou reine éplorée?

what secrets are hidden
behind that regal smile?

il fait bon, il fait chaud
un verre de bière, et ce parfum de gaufre

on a summer midafternoon
cold beer and the scent of warm waffles

seul, avec sa cigarette, et ses pensées

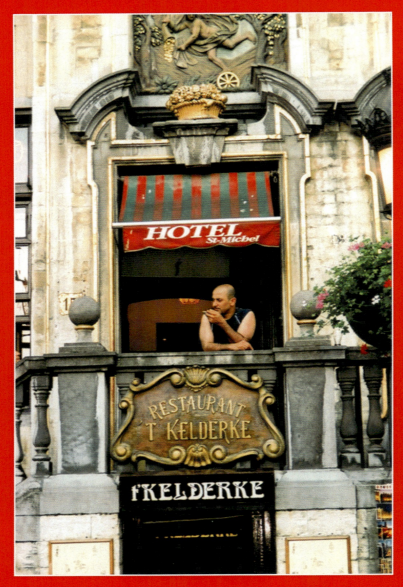

embracing the crowd of the Grand Place

52

courbes sensuelles d'un portail
ouvrant sur un monde de mystères

Mystery spelled in wrought iron

53

l'or, le sang et la suie
symbole d'un royaume

blood, soot and gold
a kingdom make

jeune homme branché

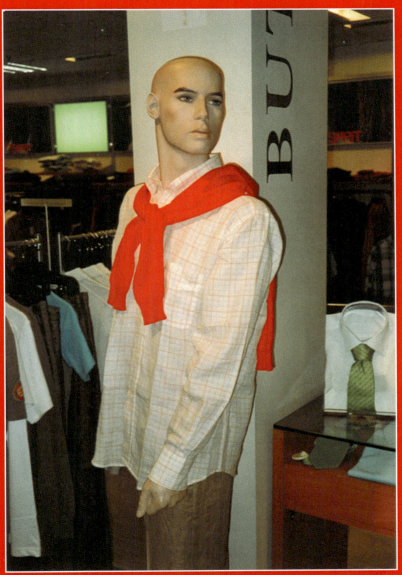

hip young man

55

regard perplexe
sur cette étrange agitation

musing over
our strange ways

qui veut mes chapeaux?

who will buy my hat?

je suis nu, vous me croyez ambigu
ôtez donc votre voile d'hypocrisie!

I am naked, you call me ambiguous
shed that veil of hypocrisy!

chic flamand

Flemish chic

masque africain
miroir de l'âme

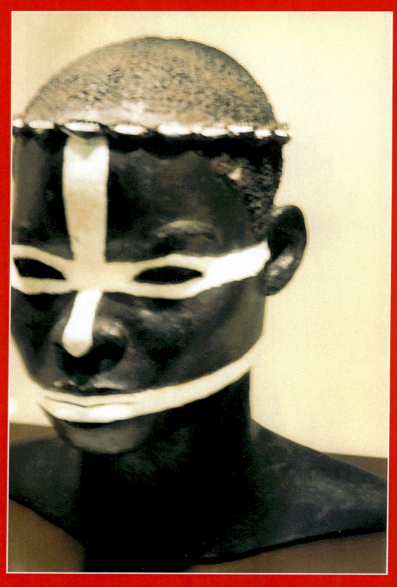

African mask
reflection of the soul

le fantôme de James Ensor

stop fretting, Mr Ensor!

notable devant ses créanciers

princely anger in a court of justice

62

rutilente façade
joyau de l'art gothique

heritage of the Flemish guilders

Galerie du Roi ouverte
au commun des mortels

peace and quiet
in the King's Gallery

64

les plus beaux yeux du monde
vous guettent depuis ce balcon

a myriad eyes watching you

au bourgmestre, l'artiste reconnaissant

offering his thanks to the city mayor

Galerie Louise
petit, on y dévissait les ampoules

when I was a kid
this is where we played hookey

tristesse maquillée

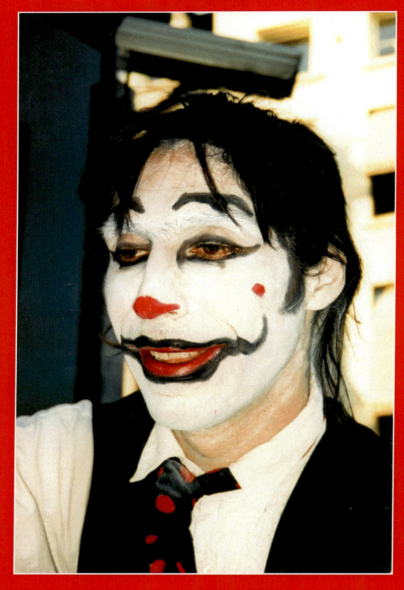

painted sadness

le trésor de la terre dans un livre

all the treasures of the earth in a book

la mémoire d'une légende

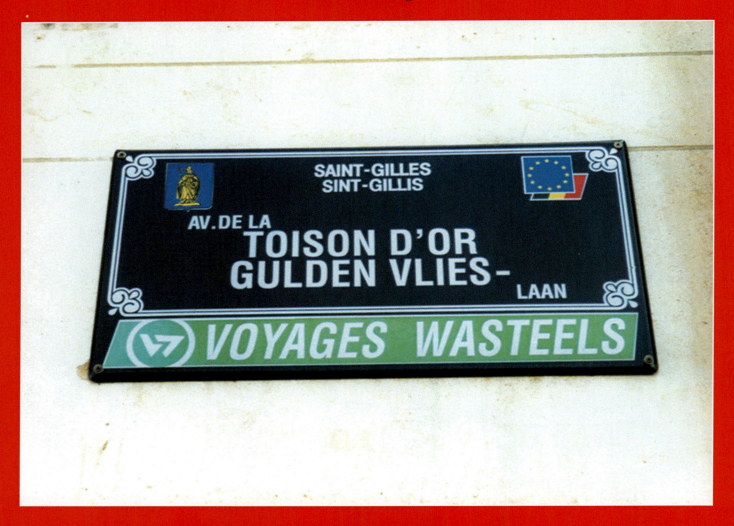

all that remains of a legend

et l'on prétend que les hommes
ne portent plus de chapeaux!

who ever said that men
no longer wear hats?

*les roues du peuple
et celles de la fortune*

*the wheels of the people
and the wheels of fortune*

le plus court chemin du firmament

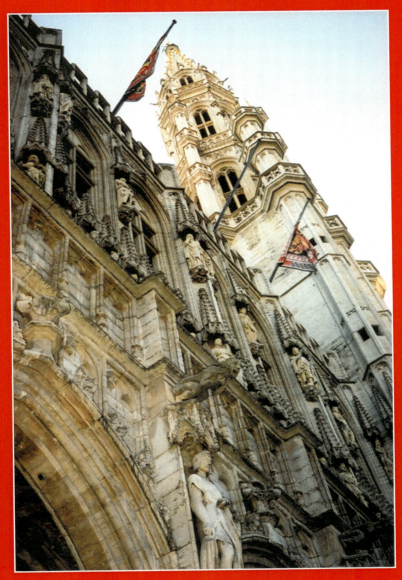

once you have reached the crest
you will feel like a saint

73

la synthèse du cheval

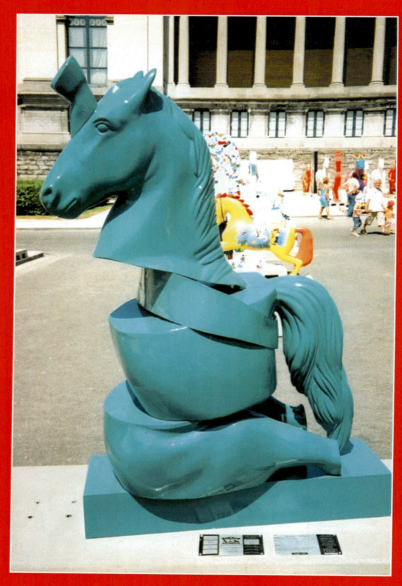

beautiful twist

le Grand Salon de Bruxelles

the city's heart and soul

que règnent les chevaux!

*once upon a time
when the horses reigned*

Bruxelles, ou l'empire de la bière

*this is the city in which beer
takes all the colors of the rainbow*

un fils du pays qui a chanté sa ville
aux quatre coins du monde

the prodigal son whose lyrics
have gone all the way to the moon

AUTHORS / AUTEURS

Eric Tessier est l'auteur de 3 recueils de nouvelles parus aux éditions Editinter et Rafael de Surtis. Il dirige la revue La Nef Des Fous, ainsi que l'édition du même nom, et présente une émission radiophonique à la station Libertaire.

Eric Tessier has published several collections of short stories in French. He is the editor of the literary magazine and publishing house La Nef Des Fous. He also contributes regularly essays and fiction in English to The Taj Mahal Review (India), World Literature Today and Skyline Magazine (USA).

ooo

Albert Russo a écrit de nombreux romans, ainsi que des recueils de nouvelles et de poésie, en français et en anglais. Son oeuvre a été traduite dans une douzaine de langues et a été couronnée de plusieurs prix des deux côtés de l'Atlantique et en Inde. En France, ses derniers livres sont publiés aux éditions Hors Commerce, dont *Zapinette Vidéo*, *L'amant de mon père - journal romain*, *L'ancêtre noire* et *La Tour Shalom* , ainsi qu'au Cercle Poche. Son roman *Sang Mêlé ou ton fils Léopold* est également paru aux éditions France loisirs. Son site littéraire: www.albertrusso.com

Albert Russo has written about 30 books in French and in English, the latter, published by Domhan Books and Xlibris, namely *The Age of the Pearl, Beyond the Great Water, Oh Zaperetta! ,The Benevolent American in the Heart of Darkness*, and *The Crowded World of Solitude, volume 1 , the collected stories*, (which just won an award in the United States with Writer's Digest), and *volume 2, the collected poems*. His fiction and his poetry appear in English and in French around the world; his work has been translated into a dozen languages and has garnered a number of awards on both sides of the Atlantic, as well as in India and Africa. His literary website: www.albertrusso.com

ooo

Other artbooks, completing the series, published with Xlibris, by the same authors, in English and in French (but also in Italian and Spanish): *ROMAdiva, Chinese puzzle, AfricaSoul, In France, Mexicana, Sri Lanka, Saint-Malo with love, Albert Russo: a poetic biography, volumes 1 and 2.*

Printed in the United States
By Bookmasters